LA
COLONISATION AFRICAINE

ÉTAT ACTUEL DE LA QUESTION

PAR

A. DUPONCHEL

PARIS

CAMUT, LIBRAIRE-ÉDITEUR

7, QUAI VOLTAIRE, 7

1890

COLONISATION AFRICAINE

ÉTAT ACTUEL DE LA QUESTION

MONTPELLIER. — TYPOGRAPHIE ET LITHOGRAPHIE CHARLES BOEHM

LA
COLONISATION AFRICAINE

ÉTAT ACTUEL DE LA QUESTION

PAR

A. DUPONCHEL

PARIS

OAMUT, LIBRAIRE-ÉDITEUR

7, QUAI VOLTAIRE, 7

1890

AVANT-PROPOS

Mon livre sur le Transsaharien fut le point de départ du mouvement d'opinion publique qui, il y a douze ans, contraignit en quelque sorte, peut-être un peu malgré lui, le Gouvernement à prendre en sérieuse considération l'idée du chemin de fer transsaharien. Le Ministre des Travaux publics le soumit à l'examen d'une Commission nombreuse qui avait pour but assez mal défini d'étudier dans quelles conditions ce projet pourrait prendre place dans le programme des grands travaux d'utilité publique, qui s'élaborait à cette époque.

Recrutée parmi les notabilités scientifiques et industrielles les plus en renom, cette Commission présentait certainement toutes les garanties désirables de savoir et d'intelligence. Ses membres étaient pour la plupart favorables au principe de l'entreprise ; chacun d'eux aurait pu éclairer l'administration sur une question précise, ressortant de sa spécialité ; mais, prises dans leur ensemble, ces forces individuelles ne pouvaient que se combattre et s'annihiler.

Une Commission consultative ne peut devenir dirigeante que tout autant qu'il se révèle dans son sein une autorité individuelle assez prépondérante pour imposer

ses vues, guider dans une voie sûre l'ordre des délibé-
rations et finalement imprimer un caractère essentiel
d'unité à une œuvre collective. Le fait ne se produisit
malheureusement pas, et il pouvait d'autant moins se produire dans la Commission du Transsaharien, que dès la
première séance elle se subdivisa en quatre sous-Com-
missions différentes, dont les attributions, mal délimitées,
ne pouvaient donner lieu qu'à des conflits et à des
rivalités personnelles. La confusion devint bientôt telle
que la Commission, lasse de ces stériles débats, se sentant
hors d'état de formuler des conclusions, abdiqua en fait,
et, renversant les rôles, s'en remit à l'administration
elle-même du soin d'arrêter le programme qu'elle était
précisément chargée de lui fournir.

L'affaire revint ainsi à la Direction générale des
chemins de fer, qui, en même temps qu'elle se préoccupait
beaucoup trop du côté scientifique de la question, au
point de vue purement géographique, n'y vit, au point
de vue technique, qu'une série d'études de détails analogues à celles qu'elle avait à faire préparer pour les
innombrables lignes de son nouveau réseau de voies de
fer en préparation. Sans doute l'assimilation ne pouvait
aller jusqu'à fractionner les lignes transsahariennes en
tronçons électoraux ; mais, à cela près, la division du
travail fut la même et l'on ne constitua pas moins d'une
douzaine de services d'études distincts obéissant chacun
à un chef différent, qui, bien que rapportés à trois groupes
principaux, devaient opérer simultanément, mais avec une
entière indépendance : les premiers dans l'Algérie pro-
prement dite ; les seconds sur la lisière saharienne, où
notre autorité était à peu près reconnue ; les autres enfin
dans les régions inconnues. Cette dernière partie du

programme fut confiée à deux explorateurs de bonne volonté, M. le colonel Flatters, qui devait tâcher de se rendre au Soudan en partant de l'Algérie, et M. Soleillet, qui offrait de partir du Sénégal pour se diriger vers la vallée du Niger, en remontant dans le Sahara, s'il lui était possible.

Chacun remplit de son mieux la tâche qui lui avait été confiée. Les chefs de service des deux premiers groupes présentèrent, en temps voulu, une masse considérable de documents dont je suis loin de contester la valeur technique, mais qui avaient le grave inconvénient de ne pas être rapportés à une même unité d'évaluation qui aurait permis de les comparer utilement. La Commission, du reste, ne prêta pas grande attention à cette communication ; tout son intérêt, et plus encore celui de la Direction, se reportait sur les deux expéditions d'avant-garde, principalement celle du colonel Flatters, qui avait été organisée avec un soin tout particulier. Ces deux missions avaient eu d'ailleurs le même sort ; arrêtées, dès nos avant-postes, par des coureurs de route, elles avaient été déviées de leur itinéraire ; puis rançonnées, dépouillées et finalement obligées de revenir piteusement à leur point de départ.

Ce résultat était, en somme, peu encourageant, et il paraissait tout au moins impliquer pour les promoteurs de l'entreprise la nécessité de reconnaître qu'on ne pourrait la reprendre, sans donner aux explorateurs des moyens d'action suffisants pour passer, au besoin, de vive force, sans se laisser arrêter par des résistances hostiles analogues à celles qu'ils avaient rencontrées. Il n'en fut rien ! les deux expéditions furent réorganisées, ravitaillées à nouveaux frais, et réexpédiées dans les mêmes conditions que précédemment. Cette fois, l'aventure fut beaucoup plus tragique ; elle se termina, comme on sait, par le massacre de l'expédition Flatters.

De primo abord, on a peine à comprendre que, dès la nouvelle de ce désastre, le Gouvernement n'ait pas pris immédiatement les mesures nécessaires pour tirer vengeance éclatante de l'odieux guet-apens dans lequel avaient péri nos envoyés. Pour beaucoup moins, les Anglais n'avaient pas reculé devant les difficultés et les dépenses de l'expédition d'Abyssinie, et nous avions d'autant moins à hésiter qu'il ne s'agissait pas ici d'organiser et de mettre en marche un véritable corps d'armée. Un escadron de spahis, un simple goum d'Algériens à dos de chameau, aurait largement suffi pour forcer dans leurs repaires une poignée de bandits qui, s'ils avaient pu traîtreusement assassiner les chefs de l'expédition séparés de leur escorte, n'en avaient pas moins été impuissants à détruire cette escorte elle-même, malgré l'état de misère et de dénûment où elle-même avait été réduite pendant sa lamentable retraite de quarante jours.

Mais pour prendre cette résolution virile, il eût fallu probablement aborder une discussion publique et mettre à découvert les responsabilités qui s'étaient si maladroitement engagées dans cette triste aventure. On préféra enterrer l'affaire sans bruit. La Commission, qui du reste depuis longtemps ne jouait plus qu'un rôle passif, ne fut plus convoquée et se garda bien de protester. Le mot d'ordre fut donné aux journaux de ne parler de rien, et la consigne fut si bien observée que peu à peu l'opinion s'est faite à considérer le massacre de la mission Flatters comme une de ces calamités fatales qu'on doit subir, comme un obstacle moral qui nous fermait à tout jamais les portes du Sahara, au même titre que paraissait devoir le faire matériellement, il y a vingt ans, l'épouvantail légendaire de la mer de sable enfouissant les caravanes sous ses flots mouvants.

Cette opinion est aujourd'hui tellement enracinée, tellement inconsciente, qu'on n'oserait presque la reprocher à ceux qui la partagent.

Et cependant, de toutes les humiliations que notre pays a subies dans ces derniers temps, il n'en est pas, à mon avis, de plus triste, disons le mot, de plus honteuse pour notre amour-propre national ; car il ne s'agit plus ici d'une défaite imposée par la force, mais d'un affront volontairement accepté. Ce n'est pas en effet l'hostilité bien peu redoutable des Touareg, mais notre renoncement volontaire qui nous ferme le Sahara !

Libre à nous sans doute d'accepter cette situation; mais, si nous ne voulons décidément pas faire respecter nos nationaux, ne devrions-nous pas tout au moins éviter les occasions nouvelles de constater notre impuissance ! De même que, par mesure de police, on place une barrière devant un gouffre béant accidentellement creusé sur une voie publique, pourquoi ne donne-t-on pas l'ordre à nos avant-postes de retenir de vive force les quelques audacieux qu'un dévouement irréfléchi porte de temps à autre, comme l'a fait dernièrement le jeune Douls, et plusieurs autres avant lui[1], à sacrifier inutilement leur vie, sans autre résultat que de montrer une fois de plus le discrédit volontaire où nous sommes tombés.

---

[1] En dehors des membres de la mission Flatters, on ne cite pas moins de neuf Français, explorateurs ou missionnaires, qui ont été massacrés par les Touareg dans le Touat ou sur la route de Gadamès, depuis 1874.

Si oubliée que paraisse aujourd'hui la question du Transsaharien, de loin en loin cependant quelques tentatives sont faites pour la reprendre, mais dans des limites modestes, comme il convient à des gens qui ont conscience de leur faiblesse. Aucun de ces novateurs ne se dissimule en effet l'importance de cette question des Touareg, qu'on ne saurait évidemment aborder de face ! — les plus hardis ne vont pas jusque-là ; — mais qu'on pourrait peut-être tourner, résoudre à prix d'argent ou par tout autre moyen pacifique.

J'aurais pu être surpris que mon nom ne figurât jamais dans ces divers rappels d'une idée dont, en fait, on ne saurait, je crois, me contester la première initiative, si, dans une brochure que j'ai reçue d'Algérie, je n'avais vu qu'on me reprochait d'avoir nui plutôt que servi à cette entreprise coloniale, en compliquant mon projet de difficultés chimériques qui n'avaient pu que le ridiculiser dans l'esprit des gens sérieux. Peut-être y a-t-il dans cette appréciation particulière l'indice d'une légende à mon détriment, qui se serait établie comme celle de la mission Flatters ! peut-être encore, par cela même que j'ai été le seul membre de la Commission à protester contre cette malheureuse expédition, l'opinion publique me rend-elle aujourd'hui responsable de son échec ! Je n'en serais pas, au fond, plus surpris. S'il en était ainsi, et la chose est possible, je n'aurais qu'à me résigner ; je sais par une longue expérience combien il est difficile d'extirper une idée fausse qui s'est enracinée dans l'opinion publique à l'état de légende.

Sans me dissimuler l'inanité probable de mes efforts pour remonter un courant qui m'est décidément devenu contraire, j'ai cru qu'il était pourtant de mon devoir de protester contre de telles imputations. J'ai pensé d'ailleurs qu'il m'appartenait, l'ayant étudiée à fond plus que personne, de tenter d'établir nettement quel est aujourd'hui l'état de la question du Transsaharien. Les choses ont en effet bien changé depuis douze ans. Si toutes mes prévisions se sont confirmées en ce qui concerne les prétendus obstacles matériels que l'on m'objectait alors, — et les résultats de l'expédition Flatters n'ont pas peu contribué à le démontrer, — nous avons, en revanche, à prévoir des difficultés d'un ordre tout différent, qui ne se seraient pas présentées au début. Pendant que nous restions inactifs, d'autres ont agi. Nous n'avons plus nos coudées franches en Afrique ; la plupart des puissances européennes y ont pris des positions qui ne sont pas toutes parfaitement assises, mais qui n'en constituent pas moins des droits plus ou moins acquis, nous présageant, le jour où nous voudrons aller de l'avant, des compétitions rivales, autrement gênantes pour nous que ne pouvait l'être le *veto* du Maroc ou l'hostilité des Touareg.

Dans ces conditions, je me suis résolu à publier une nouvelle édition de mon livre sur le Transsaharien. C'est à dessein, toutefois, que je n'ai pas cru devoir le remanier en entier, en le complétant par un double appendice. J'ai préféré conserver le texte primitif comme terme de comparaison, rappelant l'état des choses au début. Dans un premier fascicule servant de préface, j'ai indiqué les faits nouveaux qui ont si profondément modifié la situation au point de vue politique et économique. Dans une dernière Notice à la fin de l'ouvrage, j'ai étudié la question du Transsaharien dans ses détails purement techniques, en tenant compte, à la fois, des données plus positives que nous avons acquises sur l'état physique du Sahara et des régions qui lui font suite, en même temps que des entreprises analogues, qui se sont à tel point multipliées dans ces dernières années, que le fait de construire un chemin de fer de 2,000 kilom. à travers un pays désert, n'est, pour ainsi dire, plus en lui-même qu'une œuvre courante.

Ces deux Notices, prises en dehors de l'ancien texte qu'elles accompagnent, constituent un tout complet indiquant l'état actuel de la question du Transsaharien sous ses deux faces : politique et technique. C'est ce qui m'engage à les reproduire ici dans un opuscule séparé.

Montpellier, 15 février 1890.

A. DUPONCHEL.

ÉTAT ACTUEL

DE LA

QUESTION COLONIALE

Depuis douze ans, les questions coloniales ont joué un grand rôle dans nos débats parlementaires, sans que les résultats acquis aient répondu jusqu'ici aux sacrifices d'hommes et d'argent que nous nous sommes imposés. Il suffit de comparer la situation actuelle de nos colonies à l'exposé que j'en avais présenté dans le 1ᵉʳ chapitre du Transsaharien, pour reconnaître que j'avais bien prévu l'insuccès de tous les efforts qu'on pourrait tenter en dehors du continent africain.

En Amérique, sans parler des îles des petites Antilles, qui n'auront jamais pour nous une grande valeur, il n'y a plus de place à occuper par les Européens en dehors de la Guyane, que nous nous partageons avec l'Angleterre et la Hollande. Nous possédons depuis plus de deux siècles la région la plus fertile de ce vaste territoire, la seule qui sur toute cette côte inhospitalière jouisse d'un port naturel, celui de Cayenne ; et cependant nos établissements sont, en regard de ceux de nos voisins, dans un état d'infériorité trop évidente pour ne pas justifier cette opinion si générale, que nous manquons absolument d'esprit colonial. Il n'est pas à présumer que la situation de la Guyane puisse beaucoup changer, tant qu'elle restera en nos mains. Pour le moment, nous en avons fait un lieu de déportation, une sorte de guillotine sèche, où le climat nous débarrasse de nos criminels par un procédé plus coûteux, mais moins violent et moins répugnant à nos mœurs que celui des exécutions capitales.

Un établissement de ce genre nous est utile, peut-être nécessaire. Du moment qu'il existe à la Guyane, le mieux est de l'y laisser, puisqu'une longue pratique nous a démontré notre impuissance à tirer autre chose de ce pays. Mais il ne faudrait pas se faire illusion, admettre, par exemple, que ce mode de peuplement puisse à la longue y constituer une colonie prospère, par le simple renouvellement des générations acclimatées. L'exemple de Botany-Bay, que l'on invoque parfois, va à l'encontre de cette opinion. La colonie anglaise d'Australie est restée languissante tant qu'elle s'est recrutée de criminels, et depuis bien longtemps déjà toute importation de ce genre avait cessé, quand elle a commencé à prendre son prodigieux développement.

On ne saurait donc rattacher la population actuelle de l'Australie à cette première origine, et nul affront ne lui est plus sensible que de paraître le supposer. Son ombrageuse susceptibilité à cet égard s'est surtout manifestée par ses protestations contre la malencontreuse idée que nous avons eue d'installer un nouveau pénitencier à la Nouvelle-Calédonie, comme si une sentine de ce genre ne nous suffisait pas.

Le ressentiment de cette mesure impolitique ne contribuera pas peu probablement à hâter le jour où nous serons contraints à abandonner, de gré ou de force, cette enclave isolée dans le flot de la population anglo-saxonne, qui l'englobe et la presse de toute part. Au milieu du siècle dernier, dans des circonstances bien moins justifiées, nous avons dû céder, après vingt ans de guerre, aux exigences des colons de la Nouvelle-Angleterre, qui se refusaient à accepter notre simple voisinage ; et cependant alors nous n'avions pas à défendre une île de peu d'étendue et de médiocre valeur agricole, mais des droits acquis sur un immense territoire, qui du Labrador à la Louisiane présentait une superficie quatre ou cinq fois plus grande que celle de toutes les colonies anglaises réunies. Nous ne saurions évidemment, le cas échéant, nous exposer à soutenir une lutte aussi formidable, pour un si chétif intérêt que celui de la conservation de la Nouvelle-Calédonie. Mieux vaudrait peut-être, pour nous, savoir en prendre notre parti par avance, et choisir un moment favorable pour négocier, en échange de certains avantages qu'on pourrait nous offrir ailleurs, l'abandon d'une possession, véritable non-valeur, car dans l'État nous y comptons plus de fonctionnaires que de colons.

Tout ce que nous pouvons espérer dans les régions du Pacifique, c'est d'y conserver les petites îles des Marquises et de la Société, trop éloignées du grand groupe australien pour motiver sa jalousie, et qui constitueront pour nous des étapes de ravitaillement sur la grande ligne de navigation que l'ouverture de l'isthme américain ouvrira certainement tôt ou tard au commerce du monde entier.

Si nous n'avons rien à attendre de bien fructueux de nos établissements coloniaux de l'Amérique et de l'Océanie, pouvons-nous espérer mieux du continent asiatique ?

La facilité avec laquelle une poignée d'hommes s'empara, il y a quelques années, des forteresses du Tonkin, nous fit croire un moment que nous allions voir se renouveler à notre profit les brillants faits d'armes des *conquistadors* espagnols. Nous rêvions déjà l'organisation d'un vaste empire colonial qui, embrassant de proche en proche toutes les régions comprises dans la péninsule indo-chinoise, s'étendant peut-être sur l'empire chinois, aurait pu rivaliser de richesse et d'importance avec l'Inde anglaise. Nous avons malheureusement appris à nos dépens qu'un hardi coup de main, qui nous rend maîtres des murs d'une citadelle laissée sans défenseurs, ne suffit pas à assurer la conquête définitive d'un vaste pays et la complète soumission de ses habitants.

Depuis dix ans que nous guerroyons dans les marais du Tonkin, nous avons acquis la triste certitude que cette possession nous coûtera toujours plus cher qu'elle ne nous rapportera, et nous ne désirerions certainement rien tant que de pouvoir y renoncer, sans qu'il en coutât à notre amour-propre et à la sécurité de nos établissements antérieurs dans la Basse-Cochinchine.

Si stérile qu'ait été jusqu'ici cette entreprise, si impopulaire qu'elle soit devenue chez nous, peut-être aurait-elle pu tourner autrement, et nous assurer dans l'Extrême-Orient une situation prépondérante dépassant tous nos rêves, si nous avions su la diriger dans une autre voie, en nous rendant mieux compte de l'état d'esprit et de civilisation des peuples avec lesquels nous nous étions brusquement mis en contact.

Nous professons un profond dédain pour la civilisation chinoise, que, à tort ou à raison, nous considérons comme très inférieure à la nôtre. Ce qu'il y a de certain, c'est

que les deux civilisations sont très dissemblables, surtout en ce qui concerne le sentiment des questions militaires et d'honneur national. Pendant que les peuples
occidentaux ne voient rien de mieux à faire que d'épuiser
leurs ressources en armements de toute sorte, et que la
France en particulier, renchérissant sur ses voisins, en-
régimente jusqu'aux séminaristes et aux enfants des
écoles primaires, les Chinois continuent à professer le
plus profond mépris pour tout ce qui touche au métier
des armes.

L'idéal des classes gouvernantes a toujours été chez
eux, de n'avoir d'autre armée qu'un corps de garde-
chiourmes et d'agents de basse police, chargés de traquer
et d'exécuter sommairement les malfaiteurs, qui sont
pour eux le véritable ennemi du dedans. Quant à celui
qui peut venir du dehors, ils ont cherché à s'en préser-
ver en fermant leur littoral maritime aux étrangers et
protégeant leurs frontières continentales par des murailles
légendaires.

Ce dernier procédé n'a pas toujours suffi pour éviter
les incursions des hordes mongoles; mais dans ce cas
les conquérants, relativement peu nombreux, n'ont pas
tardé à se fondre dans la masse envahie, dont ils ont
promptement adopté la civilisation. Sauf le remplacement
de la dynastie régnante, rien n'a été, pendant bien des
siècles, changé dans l'organisation sociale du pays.

Cet état de sereine quiétude n'a cessé que lorsque la
Chine s'est trouvée récemment exposée aux agressions
des peuples occidentaux, et dans le fond nous ne saurions trouver étrange l'appellation de barbares qui nous
a été donnée à cette occasion. Nul terme de notre langue
ne saurait en effet mieux caractériser la nature de nos

rapports avec les Chinois, que celui qui nous assimile à ces hordes guerrières qui, il y a quinze siècles, marchant à l'assaut de l'empire gréco-latin, abusaient de leur force brutale contre un peuple efféminé par les raffinements d'une civilisation parvenue à son apogée.

Quoi qu'il en soit, les Chinois ont dû reconnaître qu'il ne leur suffisait pas de dragons de carton et de canons de bois peint, pour résister à ces nouveaux envahisseurs. Si pénible qu'il leur ait été de rompre avec leurs vieilles coutumes, il leur a bien fallu se résigner à la nécessité de leur opposer des armes plus efficaces. Ils ne l'ont fait qu'à leur corps défendant, et les classes dirigeantes n'ont jamais caché leur répugnance à se commettre, même dans un intérêt de salut commun, au contact dégradant d'une grossière soldatesque. De là, nécessairement, deux partis politiques distincts qui ont dû se produire : d'une part, le vieux parti, celui des mandarins, des lettrés, désireux de la paix, disposés à accorder aux barbares toutes les concessions plutôt que de s'exposer à subir le joug de la multitude armée ; de l'autre, un nouveau parti, à peine en germe peut-être, mais amené par la force des choses à se développer, le parti que nous pourrions appeler de la résistance nationale, ayant pour but d'emprunter à l'étranger ses moyens matériels d'attaque pour le mieux repousser.

Entre ces deux partis, nous n'aurions pas dû hésiter à donner la préférence au premier, et nous avons précisément fait le contraire, ne négligeant aucune occasion de le froisser, de l'humilier et de le compromettre vis-à-vis du parti contraire.

C'est surtout dans l'affaire de l'Annam et du Tonkin que nous avons fait preuve d'une insigne maladresse à cet égard. Ces deux pays, depuis longtemps démembrés de l'empire chinois, lui restaient rattachés matériellement par des intérêts commerciaux importants, moralement par une vassalité purement nominale, se traduisant par quelques présents d'apparat solennellement envoyés à la cour de Pékin à de lointains intervalles. A la condition pour nous de respecter, tout au moins en apparence, ce que cette situation avait de purement honorifique pour le Gouvernement chinois, celui-ci eût non seulement toléré, mais probablement favorisé notre installation dans l'Indo-Chine. Il nous eût suffi de nous y présenter, non pas en maîtres arrogants, mais en amis, en alliés. Loin de contester les droits de suzeraineté de l'empire qui ne nous gênaient en rien, du moins pour le moment, nous aurions dû lui proposer de les rétablir dans toute leur intégrité sur l'ensemble de la péninsule indo-chinoise, ne demandant à occuper le pays partiellement qu'en son nom, à titre d'auxiliaires, prêts à le défendre contre ses ennemis du dehors aussi bien que du dedans. Cette situation n'eût pas été sans analogie avec celle que surent prendre les barbares dans les marches de l'empire byzantin, celle qu'occupèrent plus tard les Normands dans le royaume des Carlovingiens. Il ne me paraît pas inutile de rappeler ces précédents. L'histoire, pour qui sait l'étudier, n'est souvent que le retour des mêmes faits se reproduisant dans des formes un peu différentes. Les moyens de destruction que l'homme emploie contre ses semblables peuvent varier et se perfectionner, mais ses instincts et les conséquences qui en dérivent restent toujours à peu près les mêmes.

Eussions-nous dû prendre l'engagement d'envoyer, à chaque réélection du président de la République, une ambassade solennelle offrir en son nom un cadeau à l'empereur de la Chine, que je ne vois pas en quoi cette démarche eût été beaucoup plus humiliante pour notre amour-propre national, que les coutumes que nous avons si longtemps payées aux chefs maures du Sénégal et que nous payons peut-être encore aux roitelets du Congo.

Quant aux résultats, ils eussent été immenses. Pour peu que nous fussions restés fidèles à nos engagements, et nous n'aurions eu aucun intérêt à y manquer, le parti de la paix, trop heureux d'être débarrassé du fantôme du militarisme, aurait en échange accordé à notre commerce et à notre industrie toutes les concessions matérielles, tous les privilèges que nous aurions pu désirer. Nous aurions, en fait, exercé dans toute la Chine un protectorat d'autant plus réel que nous aurions affecté de le rendre moins apparent ; et les emprunts que ce grand peuple devra tôt ou tard faire à notre civilisation occidentale auraient à tout jamais conservé l'empreinte particulière de notre génie national.

Ce n'est là, me dira-t-on, qu'une utopie? Bien des fois on m'a fait ce reproche, ce qui ne veut nullement dire qu'il soit fondé. Je ne me dissimule pas d'ailleurs que l'instabilité de notre personnel gouvernemental eût été une grave difficulté pour l'application d'un système politique qui eût exigé autant de prudence et de tact dans l'emploi des moyens que de résolution et de continuité vers le but.

Quoi qu'il en soit, nous n'en sommes pas à voir les inconvénients du système précisément contraire que nous avons cru devoir suivre.

Le vieux parti chinois, lésé dans ses intérêts, humilié dans son amour-propre, obligé d'armer pour se défendre contre nos prétendues *représailles*, contraint de nous subir en ennemis au Tonkin, lorsqu'il n'eût pas mieux demandé que de nous y accepter en amis, a naturellement saisi les occasions qui se sont présentées de nous en rendre le séjour désagréable, sans avoir au fond grand désir de nous en chasser définitivement ! Il nous l'a montré par son inertie après la panique de Lang-Son, qui lui rendait la chose facile, lui donnait tout au moins le droit de croire qu'elle l'était.

En fait, il n'est pas fâché d'avoir à sa porte un champ clos dans lequel il se débarrasse des gens turbulents, des esprits entachés de militarisme qu'il nous expédie par petites bandes sous forme de pirates destinés à nous tenir en haleine. Tout est profit dans cette guerre pour le vieux parti chinois, qui, jugeant les coups de loin, a la satisfaction de pouvoir se dire, à chaque homme qui tombe, Français ou Chinois, que c'est toujours un ennemi de moins pour lui.

La situation que nous nous sommes faite au Tonkin, bien que mauvaise, est cependant loin d'être désespérée, et nous serions encore parfaitement à temps de la modifier, en nous inspirant d'une meilleure politique à l'égard du Gouvernement chinois. Nous devrions en effet comprendre qu'un peuple de 400 millions d'âmes ne sera jamais une quantité négligeable ; que nous devons d'autant plus compter avec lui que par nos agressions irréfléchies nous l'avons mis dans la nécessité de se défendre. Quel intérêt pouvons-nous donc avoir à éveiller en lui des idées de militarisme si contraires à ses instincts sociaux ? Pourquoi ne pas profiter de cette circonstance pour donner à comprendre à son Gouvernement, lui témoigner à l'occasion par des actes sincères, que, loin

de vouloir le mettre dans la nécessité de recourir contre
nous à des armements militaires, nous serions tout disposés à lui épargner tous les soucis matériels de ce genre
de préoccupations, en nous substituant à lui pour exercer
à son profit, et suivant ses besoins, cet empire de la force
brutale organisée qui répugne à ses habitudes sociales.
Si nous donnions des gages certains de nos bonnes dispositions à cet égard, ce ne seraient plus des bandes de
pirates, mais des compagnies de recrues volontaires qui
franchiraient la frontière du Tonkin pour s'enrôler sous
nos drapeaux, et nous servir d'autant plus fidèlement
qu'elles croiraient défendre à notre solde les intérêts de
leur propre nationalité.

Ces troupes, en même temps qu'elles nous serviraient
à assurer solidement notre domination dans les limites
de territoire qui nous ont été assignées, pourraient être
également employées à étendre et à consolider les préro-
gatives de suzeraineté que la Chine peut invoquer sur les
autres populations voisines, en même temps qu'à la
défendre, au besoin, contre toute révolte au dedans, toute
agression au dehors.

La Chine ne nous fournirait pas seulement des engagés
volontaires pour nos troupes indigènes, mais tous les
colons qui nous seraient nécessaires pour défricher et
mettre en culture les territoires à peu près dépeuplés de
notre région montagneuse du Laos, au voisinage des
royaumes de Siam et de Birmanie.

Dans un avenir très prochain, nos possessions cochin-
chinoises, ainsi renforcées par un contingent d'émigrants
chinois, deviendraient une vraie province chinoise,
où nous exercerions en droit une domination qui s'éten-

drait en fait sur tout l'Empire par le protectorat militaire que nous exercerions sur lui.

Tant que nous n'aurons pas su prendre le parti que j'indique, il est fort à craindre que la situation actuelle ne se maintienne indéfiniment. Le Gouvernement chinois, si nous persistons à vouloir le déconsidérer par notre attitude arrogante, aura toujours à sa disposition plus de graine de pirates que nous ne pourrons en détruire, et cette malheureuse question du Tonkin restera attachée à nos flancs comme une de ces plaies purulentes passées à l'état chronique, qui par elles-mêmes ne sont pas suffisantes pour tuer un homme, mais qui peuvent hâter sa perte quand elles se compliquent d'une autre maladie.

En dehors de ces trois grandes régions du globe, où nous venons de voir combien nos laborieux efforts avaient été stériles sans espoir d'amélioration, — sauf peut-être au Tonkin, — il ne nous reste plus que l'Afrique où nous puissions faire une sérieuse tentative de colonisation. Il ne s'agit plus ici de terres lointaines au voisinage des antipodes, mais d'un vaste continent à nos portes, que la vapeur a encore rendu plus proche de nous qu'il ne l'était de Rome, à l'époque où Caton présentait au Sénat des figues fraîches cueillies dans les jardins de Carthage. La situation n'est malheureusement plus aussi favorable pour nous qu'elle l'était il y a dix ans, et elle le devient de moins en moins chaque jour. En dehors de l'Angleterre, qui possédait au cap de Bonne-Espérance une colonie de quelque importance, mais distante de plus de 2,000 lieues de la mère-patrie, les autres nations européennes n'occupaient alors que quelques comptoirs disséminés sur un littoral insalubre, établissements sans cohésion, sans avenir probable. Seuls nous possédions, à quelques heures de Marseille, un magnifique pays qui était plutôt une province qu'une colonie, qui paraissait nettement indiqué comme devant servir de base d'opérations pour une expédition qui, conduite avec prudence et résolution, en s'aidant de toutes les ressources nouvelles que les progrès de l'industrie mettaient en nos mains, pouvait nous assurer à peu de frais, et encore moins de risques, la libre et entière possession de ce vaste continent, sans compétition rivale à redouter.

Telles sont les conditions dans lesquelles j'ai présenté ma première étude sur le Transsaharien. Au début de mon livre, j'ai exposé comment je comprenais la question, sans oser toutefois lui donner alors toute l'extension dont elle me paraissait susceptible. Je crois donc utile de revenir à mon point de départ, en me replaçant pour un moment dans les conditions où nous nous trouvions alors.

Bien que laissant entrevoir d'une manière un peu vague l'utilité, la nécessité peut-être, de prolonger la ligne de fer vers le Sénégal d'un côté, vers les hauts plateaux de l'Afrique centrale de l'autre, mon projet n'en était pas moins présenté comme devant être avant tout transsaharien, ayant pour but principal de relier l'Algérie au bassin du Niger navigable.

Arrivés en ce point, et nous y serions depuis bien longtemps si mes idées avaient été acceptées il y a dix ans, tout n'eût pas été terminé; bien loin de là ! je n'ai jamais considéré le Transsaharien que comme la galerie de recherches qui, à travers des bancs plus ou moins stériles, nous aurait mis en contact avec les filons les plus riches de la mine à exploiter.

Toutes proportions gardées, la construction de la ligne aboutissant au Niger nous eût placés dans la situation où, après avoir construit le tronc commun d'Orléans reliant Paris au coude de la Loire, nous aurions voulu considérer la France comme suffisamment desservie par cette tête de ligne. Ce serait quelque chose sans doute que de nous être reliés à un vaste réseau de voies navigables découpant un pays peuplé. Mais si, il y a quarante ans, les voies de ce genre pouvaient être considérées comme suffisantes au transport des hommes et des marchandises, les choses ont bien changé depuis lors.

La voie de fer ne se borne plus à rattacher les unes aux autres les voies navigables ; elle les double et les remplace même définitivement. Les innombrables flottilles de bateaux à vapeur qui, vers le milieu de ce siècle, sillonnaient les fleuves d'Amérique, comme ceux d'Europe, ont disparu, aussi bien sur l'Hudson et le Mississipi que sur le Rhône ; il faut la foi robuste de la Chambre de commerce de Lyon pour espérer qu'on pourra jamais rendre leur prospérité à ces voies commerciales d'un autre âge.

Ce qui s'est passé chez nous se reproduira même en Afrique, d'autant plus que le Niger, en particulier, est loin de présenter de bonnes conditions de navigation sur tout son cours moyen ; de Tombouctou à Boussa, il est hérissé de rapides et d'écueils.

Arrivés au coude du Niger, dont je suis loin de méconnaître l'importance commerciale et stratégique, nous aurions dû continuer la voie de fer en avant de nous pour occuper et exploiter, dans de bonnes conditions, les pays fertiles de l'Afrique centrale, dont le Transsaharien nous aurait simplement ouvert l'accès.

Un premier embranchement remontant le Niger pour aboutir au port de Saint-Louis nous aurait livré la région du haut fleuve, en même temps qu'il aurait décuplé la puissance productive et commerciale de notre colonie du Sénégal.

La voie centrale continuant sa marche vers le Sud, en suivant le fleuve, l'aurait quitté à la hauteur de Say, pour se diriger vers le Sud-Est en traversant et desservant les royaumes du Haoussa, du Bornou et de l'Adamowa qui sont les régions les plus riches du Soudan.

Arrivés dans le bassin du Charry, principal affluent de la petite mer intérieure du Bornou, le lac Tchad, nous aurions eu à remonter ce cours d'eau pour atteindre les hauts plateaux, où s'étagent les grands lacs alimentaires du Nil, du Congo et du Zambèze.

Parcourant dans toute son étendue, du Nord au Sud, cette région qui, par les conditions particulières de son climat tempéré résultant de son altitude, s'adapte plus que toute autre à l'acclimatation des populations européennes, nous nous serions finalement rattachés aux voies de fer qui desservent le pays des Boers indépendants, complétant ainsi le grand central africain d'Alger au cap de Bonne-Espérance.

Sur tout ce parcours, tout au moins sur plus de 6,000 kilom., nous aurions pu nous avancer librement, sans avoir à redouter de rivalité d'aucune sorte; aucune nation européenne n'ayant à cette époque effectué la moindre prise de possession, manifesté même l'intention d'exercer le moindre droit de protectorat sur un territoire encore inexploré. C'est seulement à notre arrivée dans le Transwaal que nous nous serions retrouvés en contact avec des populations civilisées, qui nous auraient été bien plus favorables qu'hostiles. Nous aurions en effet trouvé dans les Boers des auxiliaires d'autant mieux disposés à se rallier à nous qu'ils exècrent l'Anglais, et que, bien que parlant un Hollandais corrompu, ils invoquent comme un titre de noblesse leur descendance des calvinistes français. Ceux-ci, arrivés en effet dans l'Afrique australe avec femmes et enfants, ont fait souche d'une descendance pure de tout sang indigène, tandis que les premiers colons, Hollandais d'origine, pour la plupart célibataires, obligés de prendre femme dans le pays, ont entaché leur descendance d'un signe de bâtardise que le temps n'a pas encore effacé.

Nous aurions pu, nous pourrions peut-être encore, d'autant mieux compter sur les bonnes dispositions des Boers à notre égard, que comme eux nous sommes en République et que comme don de joyeux avènement, en même temps que nous les aurions mis en rapport direct avec l'Europe, nous aurions pu, en dehors de l'Afrique continentale, livrer à l'exploitation de leur aventureuse jeunesse les hauts plateaux de l'île de Madagascar, sur laquelle nous nous proposions de faire revivre nos anciens droits de protectorat. Ainsi rattachés à notre cause par des liens de sympathie et d'intérêt réciproques, les Boers auraient été pour nous une armée d'avant-garde, qui aurait fait face aux Anglais, toute prête à les refouler sur le Cap et à les en expulser un jour s'il le fallait.

On trouvera sans doute bien vaste et bien utopique ce programme dont j'ai rapporté la date au passé, à l'époque où nous aurions pu le réaliser sans avoir à redouter de complications politiques. En joignant à l'artère principale la ligne du Sénégal, et une ou deux lignes analogues à jeter transversalement, l'une vers notre établissement du Gabon, l'autre vers quelque point à occuper sur la mer des Indes, nous aurions eu à construire successivement 12 à 15,000 kilom. de chemins de fer pouvant coûter un mil. liard et demi peut-être. C'est beaucoup, me dira-t-on; infiniment moins cependant que n'ont dépensé les Américains, qui ont déjà construit près de 200,000 kilom. de voie de fer pour assurer l'exploitation d'un pays trois fois moins étendu que le continent africain.

Cette avance d'ailleurs n'eût pas été faite en pure perte ; répartie sur une quinzaine d'années, elle aurait eu bientôt rémunéré ses frais, en même temps qu'elle aurait ouvert à notre commerce et à notre industrie une ère de prospérité inouïe, en nous assurant la libre et inexpugnable possession de tout un monde sis à nos portes, où dans l'état vit une population de 200 millions d'hommes, dont le nombre aurait pu s'accroître du double en moins d'un demi-siècle, par le seul fait d'une bonne et sage administration.

L'utopie n'était pas de croire la chose facile il y a dix ans ; l'illusion serait de croire qu'elle est également facile aujourd'hui.

Les choses ont bien changé dans l'intervalle. L'Afrique qui, il y a dix ans, était librement ouverte au premier occupant, a été partagée diplomatiquement par des lignes conventionnelles qui n'y réservent qu'une place bien restreinte à notre initiative, en même temps que des occupations effectives ont préparé sur notre route des obstacles de fait qu'il nous sera assez difficile de surmonter, quand même nous voudrions le tenter de vive force.

Les événements marchent vite en Afrique, notre situation générale est loin de s'y améliorer, et nous ne saurions espérer y retrouver jamais l'occasion favorable que nous avons manquée il y a dix ans. Si nous laissons aller les choses, la situation, déjà bien compromise, ne peut que s'aggraver. Il importe donc d'établir aussi nettement que possible ce qu'elle est aujourd'hui, et le parti que nous pourrions peut-être en tirer encore.

Nous ne sommes pas sans doute restés absolument inactifs. Si nous nous sommes volontairement fermé la porte du Soudan par le Sahara, en laissant impuni le mas-sacre de la mission Flatters, nous avons fait ailleurs des tentatives plus ou moins heureuses qui ont porté sur quatre points différents : Madagascar, le Congo, le Sénégal et la Tunisie.

Nos efforts pour faire revivre à Madagascar des droits de protectorat que nos gouvernements n'avaient jamais laissé complètement périmer depuis Louis XIV, n'ont pas été couronnés d'un bien grand succès. Après une guerre qui avait été pour nous plus onéreuse que brillante, le gouvernement Hovas, en échange de l'abandon que nous lui avons fait de nos alliés indigènes livrés à sa merci, a bien voulu nous accorder le droit d'entretenir près de lui un résident, sans aucune attribution reconnue, dont la présence n'a d'autre résultat que d'empêcher peut-être une autre puissance d'occuper la position que nous n'avons pas su prendre.

Madagascar est d'ailleurs bien loin de nous. Ce n'est pas un pays de bien grand avenir ; et en dehors de la combinaison dont j'ai déjà parlé, de rattacher les Boers à notre cause en les appelant à occuper le pays sous notre protectorat, je ne vois pas trop ce que de longtemps nous pourrions en retirer.

On pourrait, en l'état, en dire à peu près autant de notre situation au Congo. La convention de Berlin, qui faisait aux autres une part si large, a bien voulu nous réserver sur ce point un territoire assez étendu, bien qu'il ne comprenne pas les points sur lesquels nous aurions pu précisément invoquer des droits de possession antérieurs[1].

Quoi qu'il en soit de nos droits antérieurs sur le Loango, nous avons renoncé, en fait, à les faire valoir, et avons restreint nos opérations au territoire que la convention de Berlin nous a délimité sur les blancs de la carte d'Afrique. En l'état, nos établissements sur ce point comprennent deux choses essentiellement distinctes: notre ancien comptoir du Gabon ou de Libreville dont l'occupation remonte à 1849, et la voie d'exploration reconnue par M. de Brazza, sur laquelle ont été échelonnées des stations jalonnant une route qui s'étend du Gabon au poste de Brazzaville, établi en amont des chutes du

[1] Pendant très longtemps en effet, jusqu'à la fin du siècle dernier, nous avons joui d'un droit de traite exclusif sur toute la côte du Loango, s'étendant entre les 3e et 6e de latitude Sud, au nord de l'embouchure du Congo. Trente navires partant de Bordeaux, Nantes et La Rochelle venaient tous les ans charger des esclaves sur cette côte, où nous étions bien vus et aimés des indigènes, qui avaient même appris à parler notre langue. Nos droits étaient tellement reconnus en fait, que les Portugais, ayant cru pouvoir profiter de l'occasion de la guerre américaine pour occuper la position de Cabenalé qu'ils convoitaient depuis longtemps, le Gouvernement français n'hésita pas, après la paix de 1785, à envoyer une frégate pour détruire le fort qu'ils avaient fait construire en ce lieu.

Les guerres de la République et de l'Empire nous ayant de nouveau fermé l'accès du Loango, les Portugais eurent toute liberté de s'installer dans ce pays, où le souvenir de notre passage ne s'est peut-être pas plus conservé que dans la mémoire de nos représentants au Congrès de Berlin.

Congo, vis-à-vis le poste similaire de Léopoldville dans l'État libre du Congo. Le mode d'organisation adopté par M. de Brazza ne peut mieux se définir qu'en le comparant à une mission religieuse dont les prêtres auraient été remplacés par des fonctionnaires ou agents civils, ayant pour consigne de maintenir de bonnes et cordiales relations avec les chefs indigènes sur le territoire desquels a été établie la voie de pénétration.

Les populations noires du Congo sont d'un naturel doux et pacifique; elles se sont d'autant mieux prêtées à notre installation parmi elles, qu'elle ne les gêne en rien, tout en leur assurant des avantages matériels assez considérables. Les chefs reçoivent, à titre d'indemnité, un véritable tribut, et les naturels sont grassement payés pour entretenir le matériel des stations et assurer la viabilité de la route commerciale, qui jusqu'ici n'est qu'un sentier de piste où les porteurs n'ont guère à envoyer, en fait de marchandises, que les présents destinés aux chefs et les objets de consommation nécessaires au ravitaillement du personnel des stations.

Le chiffre officiel des transactions relevées dans l'ensemble de nos possessions du Congo précise avec une triste éloquence l'importance commerciale qu'elles ont pour nous en ce moment; sur un total annuel de 9 millions d'affaires, le pavillon français ne figure que pour 427,000 fr., ce qui indique que le commerce tout entier, y compris même celui du ravitaillement de nos agents coloniaux, se trouve aux mains des étrangers. La population civile européenne, en 1886, n'était que de 205 personnes, sans mariages ni naissances dans l'année.

Cette situation, qui ne paraît pas avoir beaucoup changé depuis, n'a rien de bien encourageant, et il est peu probable qu'elle puisse nous décider à tenter à grands frais de substituer à la route de pénétration ouverte par M. de Brazza une voie industrielle plus perfectionnée, telle qu'un chemin de fer qui seul pourra peut-être à la longue donner quelque essor à l'exploitation des ressources du pays, qui, en dehors de l'ivoire, ne peuvent être que des produits agricoles. Si jamais d'ailleurs on songeait à rien de pareil, ce n'est pas sur le Gabon, mais sur un point plus rapproché de la côte, probablement sur un des ports du Loango, que nous avons laissé occuper par les Portugais, que la voie nouvelle devrait être dirigée. Le cas échéant il y aurait probablement lieu de s'entendre avec le Portugal, soit pour une rectification de frontière, soit pour la construction, à frais communs, d'une ligne de fer qui lui serait beaucoup plus utile qu'à nous-mêmes. Je reviendrai sur cette question.

Notre colonie du Sénégal, plus ancienne, plus solidement assise que celle du Gabon, desservie d'ailleurs par une voie de navigation intérieure, a pris dans ces derniers temps une beaucoup plus grande importance, à partir du jour surtout où, sous le gouvernement du général Faidherbe, la France a su faire respecter son autorité sur tout le cours du fleuve.

Un progrès considérable s'était déjà produit, quand, il y a dix ans, l'administration coloniale, profitant du mouvement d'opinion publique qui s'était produit à l'occasion du Transsaharien, eut l'idée de la détourner au profit du Sénégal, en prétendant que la ligne de pénétration du chemin de fer africain devrait partir de Saint-Louis plutôt que d'Alger. La question, posée en ces termes, n'était pas soutenable, et si une discussion sérieuse s'était ouverte à ce sujet, il eût été facile d'établir que la ligne du Niger à Saint-Louis pouvait être une utile annexe du Transsaharien, mais ne pouvait en aucune manière le remplacer, et que, s'il était aisé de comprendre qu'on se rendrait un jour de France à Saint-Louis en passant par Alger, personne ne songerait jamais à suivre la route inverse pour se rendre de Bordeaux à Alger en passant par Saint-Louis. C'est en ce sens bien certainement que l'affaire fut comprise par la grande Commission, et que, pour ne pas se détourner du but essentiel de sa mission, qui était d'étudier la ligne transsaharienne, elle se laissa aller à appuyer d'un vote favorable le projet, d'ailleurs assez confus, d'un chemin de fer du Sénégal qui lui était soumis. Il n'en fallut pas davantage à l'administration de la marine pour mettre résolument la main à l'œuvre, en essayant de construire ce fameux tronçon de Kita aux Kayes, ayant son origine à 600 kilom. dans l'intérieur des terres, assez analogue à ce que serait dans la France, supposée barbare, un chemin de fer qui irait de Gray à Auxonne, sous prétexte de compléter la ligne fluviale unissant Marseille à Strasbourg. On connaît le résultat de cette belle entreprise, à laquelle un vote de la Chambre dut mettre un terme.

Si le chemin de fer du Sénégal, tel qu'il avait été conçu, ne pouvait aboutir, les études préalables auxquelles il a donné lieu ont amené des conséquences plus importantes. Les colonnes expéditionnaires envoyées pour explorer l'emplacement de la voie projetée furent amenées, de proche en proche, à pénétrer dans la vallée du Haut-Niger et à y établir en fait notre domination politique bien au delà des limites qu'on avait voulu lui assigner au début. Après quelques tentatives de résistance, les populations indigènes furent obligées de se soumettre et d'accepter notre protectorat.

La facilité avec laquelle, dans le courant de ce siècle, des conquérants indigènes tels que Danfoddio dans le Haoussa, Hadji-Omar sur le Haut-Niger, avaient pu constituer de vastes empires dans ces régions de l'Afrique centrale, aurait dû nous faire comprendre combien plus aisément nous pourrions arriver aux mêmes résultats quand nous voudrions sérieusement faire usage des ressources bien supérieures de tactique et d'armement dont nous disposons. On est arrivé à constater, en effet, qu'il n'y avait, en l'état, dans cette partie du continent africain, aucune puissance indigène qui pût résister à un corps de 2 à 300 hommes organisés à l'Européenne. Aussi notre domination a-t-elle pu s'étendre assez rapidement autour de Bamakou, notre centre d'action sur le Haut-Niger.

Si cette extension donnée à notre autorité militaire a eu quelques résultats politiques avantageux, elle ne pouvait en avoir pour le développement de notre commerce, avec les voies de communication dont nous disposons. Quand le fret d'une tonne de marchandises de Saint-Louis à Bamakou revient à 6,000 fr., on ne saurait évidemment songer à exploiter par les mêmes voies les ressources naturelles d'un pays qui ne peut fournir que des produits agricoles.

Provisoirement, notre corps d'occupation n'a pu que piétiner sur place, et ses principaux efforts se sont bornés à équiper une petite canonnière à vapeur qui, procédant à la reconnaissance du fleuve en aval de Bamakou, est arrivée en vue de Kabra, le port de Tombouctou, où nos représentants n'ont même pu obtenir l'autorisation de

débarquer. Il est question de recommencer l'expédition ;
elle n'aura pas de meilleurs résultats, et Dieu veuille
qu'elle ne se termine pas, comme la mission Flatters, par
quelque nouveau désastre sanglant. La chose est d'autant plus à craindre que Tombouctou est soumis, en fait,
à l'influence des Touareg, devant lesquels nous avons
baissé pavillon en leur reconnaissant droit d'impunité.

Les explorations tentées en sens inverse à l'amont de
Bamakou et au delà du Niger, sur des points où nous
n'avions pas volontairement renoncé à notre prestige,
ont eu des résultats plus heureux ; et dans le nombre
nous pouvons citer celle du capitaine Binger, qui, en parcourant la région comprise dans la boucle du Niger, a pu
constater combien nos connaissances géographiques
étaient inexactes sur ce point, où nous rattachions au
bassin intérieur du grand fleuve une étendue considérable
de pays, dont les eaux s'écoulent précisément en sens
contraire, dans la direction de la côte de Guinée, dont
certains tributaires, tels que la Volta, ont vu s'allonger
de plus du double l'étendue de leur bassin.

Il paraît d'autant plus utile de constater cette circonstance qu'elle vient à l'appui des idées que j'avais précédemment émises et que je ne saurais trop soutenir, que
la ligne de pénétration centrale devrait être avant tout
transsaharienne, tandis que celle du Sénégal ne peut être
qu'une ligne ou mieux un embranchement latéral se-
condaire, sur lequel devront s'insérer un ou plusieurs
rameaux descendant directement vers la côte de Guinée,
mais se rattachant tous, en fait, au tronc central du Sahara,
qui seul peut les desservir en leur donnant une tête
commune vers le Nord.

De toutes nos tentatives récentes pour étendre notre domaine colonial en Afrique, la plus importante, la plus brillante par ses résultats immédiats, a été l'établissement de notre protectorat sur la Tunisie. L'entreprise a été menée avec une résolution et une énergie qui font le plus grand honneur à l'homme d'État qui l'a dirigée. Il est fort probable que si l'on avait opéré de même il y a 60 ans, au lendemain de la prise d'Alger, la soumission de la régence, qui nous a demandé vingt ans de guerre sanglante, eût pu être opérée instantanément, presque sans coup férir, en laissant en place les autorités turques, qui n'auraient pas mieux demandé que de continuer à fonctionner en notre nom et sous notre contrôle immédiat.

Nous venons de rappeler ce que nous avons gagné en Afrique depuis dix ans. Voyons maintenant ce que nous y avons perdu, non sans doute en domaine effectif, mais en liberté d'action, ce qui n'est pas moins important.

Un fait diplomatique domine la situation, c'est la convention du congrès de Berlin, qui fixe aux puissances européennes le cadre des régions africaines où elles auront plus spécialement le droit d'établir leur autorité. Si l'on devait prendre à la lettre les stipulations de ce traité, notre action coloniale devrait se renfermer dans deux régions distinctes, sans lien entre elles : le Haut-Niger d'un côté, la Gabonie de l'autre. Mais si formelles que soient en apparence les dispositions de ce traité, elles n'en restent pas moins subordonnées à ce principe de droit commun, qui a précisément servi de base à la convention elle-même : que, en fait de colonisation, la possession seule fait titre et que des droits simplement écrits périment d'eux-mêmes, quand ils ne sont pas suivis à bref délai d'une occupation effective. Or, quelque empressement que les signataires de la convention aient mis à revendiquer le lot qui leur avait été assigné, leurs efforts, en général infructueux, se sont bornés à des expéditions sur la zone littorale, qui n'ont pas encore pu atteindre la région des plateaux de l'intérieur.

Sur un seul point toutefois la prise de possession a été plus sérieuse, et cela, je dois l'avouer, en complet désaccord avec mes prévisions. Partageant l'opinion générale, j'avais en effet avancé dans le *Transsaharien* que la navigation du Niger et de ses affluents se trouvait complètement barrée aux Européens par les conditions particulièrement pestilentielles des embouchures du fleuve.

Les faits n'ont pas tardé à me donner un démenti. Surmontant cet obstacle, dès 1880, Français et Anglais ont concurremment pénétré dans le réseau des voies navigables, y multipliant à l'envi leurs établissements.

Comme il nous est arrivé bien des fois dans des luttes semblables, nous avons pris l'avance au début, mais nous n'avons pas su la garder. En 1883, deux compagnies françaises ne comptaient pas moins de 34 factoreries échelonnées sur le bas Niger et le Benué. Les compagnies anglaises, au nombre de trois, en avaient à peine autant, mais elles firent un grand effort; encouragées sans doute par leur Gouvernement, tandis que le nôtre restait inactif, elles se fusionnèrent en une seule en augmentant leur capital et achetant aux compagnies françaises tous leurs établissements.

Le fait passa assez inaperçu en France. Le général Faidherbe seul le releva, en faisant observer qu'il ne s'agissait là que d'une transaction d'intérêt tout privé, qui ne portait aucune atteinte à nos droits politiques. Cette distinction peut être bonne en théorie; mais les Anglais ne s'en sont pas autrement préoccupés. Restés maîtres, de fait, du terrain, ils ont mis le temps à profit pour occuper fortement la vallée du Benué, la seule voie bien réellement navigable de l'Afrique centrale, qui pénètre à plus de 300 lieues dans les terres.

Non contents de multiplier leurs comptoirs, ils se sont attaché les chefs indigènes par de véritables traités de vasselage et de protectorat, réservant au pavillon britannique le commerce exclusif du pays, notamment dans les royaumes du Nuppé et de l'Adamowa, qui, dit-on, comptent chacun 10 à 12 millions d'habitants.

En droit strict, rien n'empêcherait peut-être nos canonnières de se montrer sur le Niger ou le Benué, et encore n'en jurerais-je pas ! Mais, tous les ports d'embarquement resteront à jamais fermés à nos navires de commerce.

Maîtres de l'Adamowa, les Anglais ont déjà détourné vers ce point une partie du commerce du Bournou, et le jour où il leur plaira de reprendre possession du Soudan égyptien, ils auront constitué à travers l'Afrique centrale un barrage ininterrompu qui nous fermera définitivement le passage vers le Sud.

Si nous attendons ce moment pour reprendre le projet du Transsaharien, il pourra tout au plus nous servir à rattacher nos possessions algériennes à celles du Sénégal, et à nous étendre peut-être vers les régions récemment explorées par le capitaine Binger, dans la boucle du Niger et la vallée de la Volta.

En nous hâtant, au contraire, nous pourrions encore arriver à temps pour occuper le Haoussa et le Bournou, qui seront toujours mieux desservis par le Nord que par le Sud, et rejoindre au delà les plateaux du centre avant que les Anglais nous en aient coupé l'accès; ce qui ne veut pas dire qu'ils ne nous contesteraient pas le droit de passage, comme ils le contestent en ce moment aux Portugais sur la rive gauche du Zambèze. Mais ce serait beaucoup pour nous de n'avoir qu'à soutenir une guerre de protocoles diplomatiques, au lieu d'une lutte de vive force déclarée.

Nous ne saurions pourtant nous faire illusion à cet égard. Les Anglais ont trop hautement manifesté leur intention de coloniser l'Afrique à leur profit exclusif, pour ne pas voir de très mauvais œil les tentatives que nous pourrons faire de notre côté. Nous savons par expérience qu'ils n'admettent pas de partage en pareil cas. Vainement nous croirions, par exemple, leur donner satisfaction suffisante en nous contentant de notre lot officiel, et leur abandonnant le reste de l'Afrique. Pour le moment peut-être, ils voudraient bien tolérer notre voisinage; mais, une fois établis chez eux, ils le trouveraient gênant, et avant un demi-siècle ils nous déposséderaient de l'Afrique occidentale comme au siècle dernier ils nous ont dépossédés du Canada.

Si modérées que soient nos prétentions pour l'avenir, et même dans le moment, elles n'auront chance d'aboutir que si nous sommes en mesure de les soutenir résolument par la force.

La perspective d'un tel conflit n'aurait certainement rien qui dût nous effrayer, si la guerre devait se localiser en Afrique. Avec une base d'opération comme l'Algérie, et la ressource du Transsaharien comme voie stratégique, notre position y serait inexpugnable ; mais cette guerre se généraliserait et, ce qui est beaucoup plus grave, elle deviendrait infailliblement européenne.

Or, ce n'est évidemment pas dans les conditions de notre état actuel, entourés d'ennemis comme nous le sommes, que nous pourrions songer à nous exposer à pareille aventure. La question de politique intérieure domine pour nous celle de la politique extérieure ou, pour mieux dire, les deux questions se confondent.

La préoccupation incessante dans laquelle nous vivons depuis vingt ans paralyse nos forces au dedans, en même temps qu'elle nous enlève toute initiative au dehors. Nous ne pourrons reprendre notre liberté d'action en Afrique que si nous parvenons à rompre le cercle d'isolement qui nous étouffe en Europe.

Je ne pousserai pas le paradoxe, ou l'utopie, jusqu'à avancer que nous devrions peut-être nous entendre avec nos ennemis déclarés du moment, en substituant à l'état d'hostilité qui nous sépare de l'Allemagne une sincère et cordiale alliance reposant sur la réciprocité des intérêts des deux peuples. Nous ne pardonnerons jamais à nos voisins de nous avoir ravi l'Alsace et la Lorraine ! mais, de leur côté, ont-ils tant à se féliciter des résultats de cette annexion, et ne comprennent-ils pas au fond que, si Metz leur vaut cent mille hommes en temps de guerre, elle leur en coûte deux millions en temps de paix.

La situation, si mauvaise pour nous, n'est pas meilleure pour tous les autres peuples de l'Europe occidentale; Français et Allemands absorbés, ruinés les uns et les autres par les préparatifs incessants d'une guerre générale que l'on ajourne tant qu'on peut, mais qui éclatera tôt ou tard et ne résoudra rien; nous laissons le champ libre à l'Angleterre, qui, maîtresse de toutes ses ressources, forte de nos discordes, poursuit sans relâche son œuvre d'envahissement colonial.

La race anglo-saxonne étend déjà sa domination sur plus d'un tiers du monde habitable ; elle possède en propre deux continents, l'Amérique du Nord et l'Australie ; elle occupe une position prédominante dans l'Asie méridionale ; lui laisserons-nous absorber l'Afrique à son tour ! La question n'est plus seulement française, elle est européenne, et quelques malentendus qui nous divisent aujourd'hui, nos voisins ont les mêmes intérêts que nous à s'opposer à cette suprême invasion de la langue et de la civilisation anglaises. Entre peuples continentaux : Français, Italiens, Allemands même, nous pourrions nous entendre pour exploiter en commun ce grand continent qui nous fait face, chacun suivant ses moyens et son aptitude particulière ; avec l'Angleterre, nous n'avons rien de tel à espérer, sa politique est exclusive ! Où elle a mis une fois le pied, elle entend rester seule !

Encouragée par notre faiblesse, notre effacement volontaire, elle a depuis dix ans fait d'immenses progrès ; déjà maîtresse de l'Égypte, que nous lui avons abandonnée ; du bas Niger, où nous lui avons vendu nos comptoirs, elle n'a plus de ménagements à garder et lève le masque. Aujourd'hui c'est la vallée du Zambèze qu'elle réclame. Les Portugais, dans leur impuissance, en sont réduits à voiler de crêpe les statues du Camoëns et de Vasco de Gama ; stérile protestation des faibles ! A leur exemple et comme témoignage de sympathie, irons-nous porter de nouvelles couronnes aux pieds de la statue de Strasbourg, et casemater de nouveaux forts sur nos frontières de l'Est ! Quand comprendrons-nous donc que là n'est pas l'ennemi, au delà du Rhin, mais bien au delà de la Manche !

Dans ces conditions, serait-il donc absolument impossible de s'entendre avec l'Allemagne, de trouver pour elle, dans le remaniement prochain de la carte d'Europe et du monde, l'équivalent de la rançon de l'Alsace et de la Lorraine ? Je ne me dissimule pas que, dans l'état des esprits, le fait seul de penser à une telle solution, ou tout au moins d'en suggérer l'idée, serait taxé d'acte de haute trahison.

Je ne m'arrêterai donc pas à chercher si le meilleur moyen de parer aux dangers dont nous menace plus particulièrement la triple alliance, conclue contre nous, ne serait pas d'y entrer franchement nous-mêmes.

L'Union des quatre principales puissances de l'Europe occidentale, à laquelle se rattacheraient, naturellement et par la force des choses, les peuples intermédiaires ou voisins, réaliserait en fait cette République chrétienne qui était déjà le rêve d'Henri IV, avant de devenir celui de nos utopistes modernes. En dehors de ce foyer central, il ne resterait que la Russie, que nous laisserions libre de constituer à sa guise l'empire d'Orient, faisant contrepoids à notre Confédération occidentale; et l'Angleterre, dont nous n'aurions qu'à contenir la politique coloniale par trop envahissante, s'il lui plaisait de rester en dehors de la fusion générale.

Encore une fois, je le sais, ces idées ne sauraient avoir chance d'être admises. Nous ne sommes pas en Amérique, pas même en Chine ; nous sommes en Europe, sous l'influence générale du caporalisme, qui ne nous permet pas de comprendre que la gloire d'un Lincoln vaut bien celle d'un Frédéric ou d'un Napoléon. Il est donc bien entendu que nous devons conserver nos rapports hostiles avec l'Allemagne; l'honneur national y est engagé ! Mais si en même temps nous nous brouillons avec l'Angleterre, ce qui ne peut manquer, pour peu que nous tentions œuvre réellement sérieuse de colonisation en Afrique, notre situation deviendra bien difficile; à moins que nous ne nous soyons ménagé ailleurs de bien sympathiques alliances.

Nous faisons, il est vrai, grand fond sur la Russie; mais, si puissant que soit son concours, il ne saurait nous suffire, et, tout en cherchant à capter son amitié, nous ne devrions pas négliger de nous assurer ou plutôt de regagner celle de nos plus proches voisins, qui, comme nous, sont de descendance latine, et, à ce titre, ont à défendre et à faire prévaloir des intérêts analogues aux nôtres. C'est surtout dans la question du bassin de la Méditerranée que cette communauté d'intérêts aurait dû s'affirmer, et c'est précisément celle dont l'habileté de nos adversaires a su le mieux se servir pour nous diviser.

Si l'occupation de la Tunisie a de prime abord flatté notre amour-propre national, cet avantage a été chèrement payé par le sacrifice de nos bonnes relations avec l'Italie.

Peu après, dans une occasion analogue, à propos de l'affaire des alfatiers de la province d'Oran, nous avons failli nous brouiller également avec l'Espagne.

Il serait temps d'en finir avec cette politique d'isolement. Le moment n'est plus où nous pouvions aspirer à la domination universelle. Nous ne saurions même plus prétendre à vouloir faire de la Méditerranée un lac français, mais nous serions parfaitement fondés à exiger, de concert avec les autres puissances riveraines, l'Espagne et l'Italie surtout, qu'elle redevienne un lac latin, le *mare nostrum* des Romains.

Pour atteindre ce résultat, qui devrait être la base essentielle de notre politique internationale, le principe d'une alliance, d'une fusion intime, s'impose aux trois peuples, et nous aurions d'autant moins de raisons de vouloir séparer nos intérêts de ceux de nos voisins, qu'ils se mêlent, même dans les circonstances où nous croyons les avoir rendus plus distincts.

Voilà déjà soixante ans que nous occupons l'Algérie, et il est impossible de méconnaître que, par la force même des choses, Italiens et Espagnols ont autant contribué que nous à exploiter ce premier pays reconquis à la civilisation latine. Les Espagnols dominent en nombre dans la province d'Oran, les Italiens dans celle de Constantine ; Mahonnais et Maltais se retrouvent également dans la province d'Alger. Mêlés à nous dans des rapports journaliers, ces frères de race n'en restent pas moins fidèles chacun à sa nationalité distincte, et ce n'est pas sans beaucoup de peine que nous les contraindrions à y renoncer. En tout cas, nous n'avons pas osé l'essayer, et peut-être avons-nous sagement fait. Ce n'est pas au moment où le chiffre de la natalité diminue chez nous, au point de nous faire redouter une dépopulation prochaine, que nous pourrions songer à peupler uniquement de nos nationaux de souche pure les régions étendues que nous aspirons à rattacher à notre civilisation.

Ce partage, ou plutôt cette communauté de fait que nous avons été obligés d'accepter dans l'Algérie, dont personne ne nous conteste la légitime possession, pourquoi nous refuserions-nous à l'admettre en droit sur les autres points du littoral barbaresque ?

L'essentiel n'est-il pas que ces pays, autrefois rattachés comme le nôtre à la souche latine, fussent au plus tôt retour à la patrie commune, et, loin de vouloir empêcher nos voisins de s'y établir, ne devrions-nous pas unir nos efforts aux leurs pour leur en faciliter les moyens ?

En quoi serait-il difficile de concilier des intérêts communs qui ne demandent qu'à s'entendre, de régulariser leur action au lieu de la contrecarrer ? Ne voyons-nous pas chaque jour de grands industriels associer leur intelligence et leurs capitaux pour l'exécution d'une entreprise d'intérêt commun ? Pourquoi deux peuples ne pourraient-ils pas s'associer, se syndiquer dans des conditions analogues, pour assurer la réussite d'une œuvre de civilisation dont ils auraient également à bénéficier l'un et l'autre ?

Au lieu d'envenimer de mots piquants, d'articles de journaux, de provocations d'estaminet, le différend qui a surgi avec l'Italie, ou celui qui a failli survenir avec l'Espagne, n'eût-il pas été plus sage, plus conforme à nos réels intérêts de prendre l'initiative d'une politique conciliante et fraternelle, de dire à nos voisins : Vous désirez, vous, Tunis et Tripoli ; vous, le Maroc ; eh bien ! ces conquêtes civilisatrices que vos ressources matérielles ne vous permettent certainement pas d'effectuer à vous seuls, nous allons les faire de compte à demi. La France, s'il le faut, fera seule l'avance des premiers frais ; vous lui prêterez l'appui de vos soldats, plus tard de vos laboureurs. Vous aurez, comme nous, votre part de gloire et de profit.

Des deux côtés de notre Algérie, française de nom, en fait déjà à demi italienne et espagnole, pourquoi n'aurions-nous pas, d'une part une Afrique franco-italienne, de l'autre une Afrique franco-espagnole ? Que pourrions-nous perdre les uns et les autres à cette combinaison ? N'aurions-nous pas à y gagner également ; et quel inconvénient verrions-nous à ce que la même hampe portât deux drapeaux dans chacune de ces colonies nouvelles, dont la confédération naturelle reconstituerait l'Afrique latine sur la rive de la Méditerranée, faisant face à l'Europe latine.

Ces propositions auraient sans doute été chaleureusement accueillies par l'Italie si nous avions su les faire en temps utile. Serait-il trop tard pour y revenir ? Et si nous donnions à entendre à nos voisins que nous sommes disposés à traiter sur cette base, en faudrait-il davantage pour les détacher de cette alliance monstrueuse, dans laquelle les ont entraînés quelques hommes à vue étroite qui rêvent pour leur compte les lauriers des Bismarck et des de Moltke, sans voir que notre ruine, qu'ils méditent, entraînerait bien plus sûrement la leur ?

Le peuple italien peut-il oublier que son pays a été de tout temps le point de mire de l'Allemand. A peine débarrassé du joug de l'Autriche, irait-il de gaieté de cœur courir au-devant de celui que la Prusse ferait bien plus lourdement peser sur lui ! Et ce que nous disons de l'Italie ne pourrait-on pas le dire de l'Espagne ? Ne serait-elle pas tombée dans le même piège si l'incident des Carolines n'était venu l'éclairer à propos ?

L'occasion serait donc favorable pour chercher à constituer l'alliance offensive et défensive des peuples de race latine, en lui donnant comme but plus immédiat la régénération des anciennes provinces africaines de l'empire romain.

L'organisation de ces colonies nouvelles ne saurait d'ailleurs offrir de difficultés pratiques dès qu'on serait d'accord sur le principe. Le système de politique indécise que nous avons suivi en Algérie n'a pas produit de si heureux résultats, que nous devions beaucoup tenir à l'appliquer ailleurs. Sans vouloir rien préjuger sur le système qui pourrait être préféré, on conçoit la possibilité d'établir, par exemple, dans chaque régence, un gouvernement autonome provisoirement représenté par un conseil supérieur, composé par égale part de délégués des puissances contractantes, qui, sous leur contrôle, exercerait une action souveraine, faisant également participer les nationaux de ces puissances à l'exercice des fonctions publiques aussi bien qu'à l'exploitation coloniale ; en attendant le jour où, par la fusion des races, en y comprenant les indigènes, une nationalité distincte aurait pu se constituer dans chaque État.

Les trois armées, passant tour à tour sous l'une ou l'autre bannière, apprendraient à les confondre dans un même respect. Animées d'une généreuse émulation, elles s'habitueraient à des rapports de fraternelle confiance qui, nés dans les conditions accidentelles de la vie coloniale, ne tarderaient pas à exercer leur influence sur les relations générales des trois métropoles, qui ne seraient pas moins unies pour résister à une agression menaçant leur indépendance en Europe que pour continuer, vers le centre et le sud de l'Afrique, l'œuvre colonisatrice commencée sur le littoral du Nord.

Les chemins de fer ont plus fait, pour abaisser les Alpes et les Pyrénées, que ne pouvaient faire autrefois les alliances des maisons souveraines. Ce sont les peuples eux-mêmes qui de nos jours tendent à se rapprocher, et il ne saurait être permis à des politiciens rétrogrades de les en empêcher longtemps. Dans ce mouvement universel qui les pousse à supprimer les frontières qui les ont trop longtemps séparées, les nations de l'Europe méridionale pourraient donner des premières un très utile et généreux exemple qui serait peut-être suivi. Quoi qu'il en soit de ce rêve lointain de la confédération occidentale, de la République chrétienne d'Henri IV, qui seul pourra inaugurer l'ère de la civilisation véritable, l'Union latine, bien que restreinte, n'en constituerait pas moins un grand progrès ; surtout si l'on pouvait y faire entrer le Portugal et peut-être la Belgique, qui, sans avoir des intérêts directs à défendre dans la Méditerranée, ont des droits importants à exercer sur le continent africain, qu'il s'agirait de coloniser en entier.

On trouvera peut-être que j'insiste beaucoup sur un projet d'alliance qui paraîtra bien chimérique ; mais, en dehors de cette combinaison ou de toute autre pouvant au même point garantir notre sécurité en Europe, je ne vois pas comment nous pourrions reprendre la liberté d'action sans laquelle nous ne pouvons rien tenter au dehors.

On peut, il est vrai, comprendre la colonisation de deux manières. S'il suffit à notre ambition de posséder au loin quelques plages désertes, quelques îlots disséminés sur l'immensité des océans, où nous entretiendrons à grands frais un personnel administratif de fonctionnaires chargés de nous expédier de temps à autre des spécimens suffisamment variés de types exotiques, pour parader dans nos champs de foire et promener des drapeaux multicolores sur l'Esplanade des Invalides, nous pourrons continuer à nous donner cette satisfaction, sans que nul y trouve à redire ; peut-être même nous permettra-t-on, de loin en loin, d'ajouter à notre couronne coloniale quelque nouveau fleuron faisant pendant à Marie-Galande, Nossi-bé ou Nouka-hiva.

Mais si par empire colonial nous entendons avoir à
nous quelque chose qui ressemble aux colonies anglaises, hollandaises ou espagnoles, comme l'Inde, l'Australie, les îles de la Sonde, où des peuples nombreux
vivront sous nos lois, s'adaptant à nos mœurs, à notre
langue, à notre civilisation, nous suivant dans la bonne
comme dans la mauvaise fortune, contribuant au développement de notre commerce et de notre industrie nationale, la situation change du tout au tout ! Les places
où nous pourrions nous établir sont peu nombreuses, et
nous pouvons compter qu'elles nous seront vivement dis-
putées. Ce n'est donc que tout autant que par nous-
mêmes et nos alliés nous nous sentirons assez forts pour
soutenir la lutte, que nous devrons nous lancer dans des
entreprises coloniales qui, en l'état actuel des choses, no
peuvent avoir pour nous aujourd'hui que deux objectifs :
l'Indo-Chine dans l'Extrême-Orient, l'Afrique continentale à nos portes.

Notre réussite au Tonkin est subordonnée à la cordia-
lité des rapports que nous entretiendrons avec le gouvernement chinois. Si nous savons ménager ses susceptibi-
lités, et exploiter à notre profit son horreur instinctive
de tout ce qui touche au militarisme, nous pourrons
exercer chez lui une sorte de protectorat de fait, d'autant
plus réel que nous le dissimulerons mieux sous des mar-
ques de déférence apparente, qui nous vaudront certainement de grands avantages matériels pour notre commerce et notre industrie.

En Afrique, notre situation sera beaucoup plus com-
plexe.

Rien ne nous empêche sans doute de mettre la main
à l'œuvre en construisant le Transsaharien tel que je

l'ai conçu il y a douze ans. Les prétendues difficultés matérielles qu'on m'objectait à ce sujet n'existent pas, et, pour nous servir d'une expression qui a été beaucoup moins heureusement appliquée dans une autre circonstance, on peut, avec certitude, avancer que la traversée du Sahara est en elle-même une quantité négligeable. Nous verrons plus loin qu'il en coûtera très certainement deux fois moins que je ne l'avais admis. Avec une dépense de 200 millions, en deux ans au plus, nous pouvons atteindre le Niger. C'est sur ce point seulement que les vraies difficultés commenceront à se produire, et elles ne seront nullement techniques, mais essentiellement politiques ; elles proviendront de l'opposition de l'Allemagne, et plus encore de l'Angleterre, à nous laisser continuer notre marche en avant. Si l'affaire devait rester exclusivement africaine, nous n'aurions pas à nous inquiéter des obstacles qu'on pourrait nous opposer. Avec l'Algérie pour base d'opérations, le chemin de fer comme voie stratégique, nous disposerions d'une force de pénétration irrésistible.

Ce n'est donc pas en avant, mais en arrière, sur nos propres frontières, que se trouverait le danger ; et ce danger, nous ne pouvons le conjurer qu'en renforçant notre position continentale, en nous assurant le concours de nos alliés naturels, qui ne sont pas seulement la Russie, mais nos voisins de race latine, avec lesquels nous partagerions fraternellement les avantages de la colonisation africaine. A cet égard, il ne saurait y avoir de moyen terme. En fait de colonisation, les Anglais ne partagent pas et ne tolèrent pas de voisins. Si l'Afrique ne devient pas terre latine, et elle peut l'être encore, elle deviendra forcément, avant peu, terre anglaise. Quelques droits partiels que nous puissions faire valoir, nous en serons chassés de partout, ou n'y conserverons que des possessions dérisoires, comme Miquelon dans l'Amérique du Nord et Pondichéry dans l'Inde. A nous de voir s'il nous convient d'accepter cette situation, car le temps presse. Notre position, excellente il y a dix ans, est aujourd'hui fort compromise; elle sera totalement perdue, si nous n'agissons pas énergiquement, dans dix ans d'ici; et si le Traussaharien se construit, alors ce ne sera plus par nous et pour nous, mais contre nous, pour nous expulser de l'Algérie; et franchement ce sera justice, car nous ne saurions prétendre à conserver les portes d'un continent, quand nous les aurions gardées près d'un siècle, sans avoir appris à nous en servir !

CONDITIONS TECHNIQUES

DE

L'ÉTABLISSEMENT DU TRANSSAHARIEN

C'est surtout en matière de questions coloniales que les conséquences d'une faute politique ne sont pas immédiatement aperçues, mais ne se manifestent parfois que très longtemps après. Il n'est pas de jour où on ne jette l'opprobre au gouvernement de Louis XV, pour n'avoir pas su conserver notre colonie du Canada; comme si la chose eût été en son pouvoir ! Combien seront mieux fondés les reproches que nous adresseront nos enfants avant un demi-siècle, pour avoir négligé l'occasion si favorable qui s'offrait à nous de coloniser le continent africain, quand les Anglais devenus, par notre incurie, maîtres du pays, s'y seront définitivement implantés et prendront peut-être à revers nos frontières de l'Algérie pour nous en chasser définitivement.

La faute commise il y a dix ans pourrait encore se réparer ; on n'y songera probablement pas ; en tout cas, cette faute a eu lieu et la responsabilité doit en retomber principalement sur ceux qui l'ont commise. A la rigueur, on pourrait comprendre que pour éviter de mettre au grand jour l'incapacité dont elle avait fait preuve dans l'affaire Flatters, la Direction des chemins de fer ait cherché à amener l'oubli sur cette déplorable aventure. En ne protestant pas contre ce renoncement volontaire, la Commission transsaharienne s'en était en quelque sorte rendue complice. Mais ce qui est peut-être plus impardonnable, c'est d'avoir sciemment caché la vérité à la Commission, de ne pas lui avoir fait connaître, en temps utile, les résultats obtenus par le premier voyage de la mission, qui, si incomplets qu'ils fussent, étaient bien suffisants pour rendre le second inutile.

La Commission, en effet, très bien disposée en principe pour l'œuvre du Transsaharien, ne demandait qu'à être édifiée par des documents plus certains que ceux que j'avais pu lui fournir sur les conditions de possibilité d'exécution technique des travaux, que beaucoup de gens s'obstinaient à considérer comme absolument irréalisables.

Or la question avait été complétement élucidée sur ce point par le premier voyage de la mission Flatters, qui, s'étant avancée à 1,200 kilom. dans les terres, sur une direction qui n'était peut-être pas la meilleure et la plus favorable, mais qui, en fait, aboutissait à la ligne de partage des eaux entre la Méditerranée et le Niger, — avait constaté que, sur tout ce parcours représentant la moitié du trajet total du Transsaharien dans la partie la plus difficile, non seulement on n'avait rencontré aucune de ces difficultés chimériques objectées au début ; mais que l'établissement de la voie de fer, infiniment plus facile que j'avais jamais pu l'espérer, entraînerait une dépense inférieure de près de moitié à mes évaluations. Ces conclusions ne résultent pas d'allégations plus ou moins vagues ressortant incidemment des rapports adressés au jour le jour par les membres de la mission, mais d'un travail technique régulier, d'un avant-projet soigneusement étudié par un ingénieur spécial attaché à la mission, M. Béringer, dont l'aptitude en pareille matière ne pouvait être contestée.

Il n'est pas douteux que si cet avant-projet eût été communiqué à la Commission, il lui eût paru suffisant pour lever toutes ses incertitudes et la décider à émettre un vote formel d'approbation sur la question posée par le Ministre.

Mais cette solution n'était nullement ce que désiraient les instigateurs de la mission Flatters et le malheureux colonel lui-même. La question technique des travaux était, en fait, ce qui les préoccupait le moins. Par je ne sais quelle aberration d'esprit, les uns et les autres en étaient venus à ne voir dans le but de la mission qu'un objet de recherches de pure géographie, un vrai voyage de découvertes à pousser le plus loin possible dans les régions les plus inconnues du Sahara central. Il leur importait moins de prendre la meilleure route que d'en suivre une sur laquelle aucun Européen n'eût passé.

C'est en vue de pouvoir suivre ce programme jusqu'au bout que les résultats réels de la première expédition n'ont pas été soumis à la commission. Pour ma part, je n'en ai eu connaissance que bien longtemps après, quand l'affaire était depuis longtemps oubliée, par l'envoi qui me fut fait, en 1884, d'un recueil volumineux publié, sans aucun commentaire, par le ministère des Travaux publics, contenant au milieu d'un grand nombre de documents fournis par la mission, l'avant-projet dont je viens de parler.

L'étude de M. Béringer se rapporte au trajet oriental traversant la province de Constantine. Elle part d'Ouargla et se dirige sensiblement Nord-Sud, suivant, sur une longueur reconnue de 610 kilom., le cours de la vallée de l'Ighargar, direction qui était précisément celle à laquelle j'avais songé, lorsque pour la première fois j'avais proposé le Transsaharien, mais à laquelle j'avais renoncé plus tard, sur les indications de M. Largeau, qui me donnait à redouter sur ce parcours la rencontre de dunes plus nombreuses et plus difficiles à franchir que celles que l'on paraissait devoir trouver dans la vallée de l'O. Mya.

A défaut de documents précis qui me faisaient presque absolument défaut, je ne l'ai jamais caché, j'avais raisonné par induction.

Comparant par analogie l'orographie du Sahara à celle de la France méridionale, dont elle ne me paraissait différer que par une plus grande extension des vallées, une moindre accentuation relative des reliefs, j'en avais conclu que, suivant les variations de la nature géologique du sol, qui ne peuvent y être plus grandes que chez nous, les changements dans l'aspect général des lieux ne pouvaient provenir que de l'exagération de la sécheresse du climat, complètement analogue à celui du département de l'Hérault, en ajoutant quelques degrés à la température moyenne et retranchant dans le courant de l'année les quelques séries de pluies accidentelles, qui seules entretiennent le débit plus ou moins permanent de nos cours d'eau. Raisonnant sur ces bases, j'avais cru me rendre parfaitement compte de l'état des lieux, en me figurant ce que devaient être les Oued desséchés, les Hammada, les Tassili, les Tanesfrouft et autres plateaux rocheux, à ce que deviendraient nos vallées de l'Hérault, de l'Aude, de la Garonne, nos Causses calcaires, nos Cans, nos Plateaux trachytiques ou basaltiques, si, par l'effet d'un relèvement de la température et d'une diminution dans le nombre des jours de pluie, nos cours d'eau venaient à tarir. Il n'est pas jusqu'aux détritus dolomitiques, si fréquents sur nos Causses, qui ne me rendissent compte de ces chaînes de dunes à noyau fixe, qui étaient signalées sur tant de points du Sahara. C'est en me basant sur ces données, hypothétiques j'en conviens, que j'avais cru pouvoir conclure à de grandes facilités pratiques pour l'exécution d'un chemin de fer dans le Sahara. Admettant toutefois que je pouvais m'être trompé sur quelques points dans mon appréciation ; qu'on fût obligé, par exemple, de traverser sur une certaine étendue des dunes réellement mobiles ; qu'on fût exposé à rencontrer de longs parcours absolument privés d'eau ; j'avais cherché à démontrer que ces prétendus obstacles ne seraient jamais insurmontables, qu'ils pourraient tout au plus donner lieu à un surcroît de dépenses pour la construction de parasables maçonnés à la traversée des dunes, et l'établissement d'un service d'eau par machines et conduites forcées sur des longueurs plus ou moins grandes.

En me plaçant dans ces conditions de pis-aller, j'étais loin de prévoir qu'on me reprocherait un jour de les avoir présentées comme normales, quand au contraire j'étais à peu près seul à les considérer comme peu probables.

Quoi qu'il en soit, et bien que M. Béringer et ses malheureux compagnons n'aient jamais trouvé l'occasion de rappeler mon nom pour constater que, pour un homme qui n'avait jamais vu le pays, je n'en avais pas moins assez bien préjugé son état réel, les détails positifs qu'ils nous ont fournis n'ont fait que confirmer mes appréciations dans leur principe, en atténuant toutefois, au delà de tout ce que je pouvais espérer, les prétendues difficultés locales qu'on m'avait si longtemps objectées comme des impossibilités absolues.

Ainsi, bien que l'itinéraire de la mission ait été dirigé dans la région précisément signalée comme celle où les dunes étaient les plus fréquentes, il a été constaté qu'elles ne sauraient constituer une difficulté réelle. Ces dunes sont en effet des chaînons de collines parallèles, laissant subsister entre elles des vallées de sol dur et résistant, des *ghazzis* orientés dans la direction qu'on a justement à suivre, du Nord au Sud, sur le parcours desquels on n'aura pour ainsi dire qu'à poser les rails à fleur de sol du terrain naturel régularisé par un bourrelet de ballast retroussé sur place. Sur tout le parcours de 610 kilom. relevé par M. Béringer dans cette région des ghazzis, au delà d'Ouargla, il n'a constaté la rencontre de dunes mobiles devant nécessiter la construction de parasables que sur une longueur de 100 mèt. Dans mon étude préliminaire, pour faire une large part à l'imprévu de cet obstacle fantastique, je n'avais pas compté moins de 40,000 mèt. d'ouvrages de ce genre.

Quant à l'approvisionnement d'eau, M. Béringer, d'accord avec ses collègues, admet qu'on la trouvera partout en creusant des puits à une profondeur variable, très faible en certains points, ne pouvant jamais dépasser un maximum de 50 à 60 mèt.

Enfin sur tout ce parcours on n'aura à construire aucun ouvrage d'art pour la traversée des cours d'eau, le pays ne présentant ni rivières, ni torrents ayant un écoulement superficiel même dans les occasions accidentelles du plus fort orage. Ainsi que je l'avais déjà reconnu dans les plateaux du petit Sahara algérien, le sol du grand désert dans toute la région parcourue par la mission est

assez perméable pour absorber toutes les eaux pluviales,
qui, loin de se perdre et de s'évaporer à la surface, s'engloutissent dans les profondeurs du sous-sol, où elles
maintiennent l'approvisionnement des nappes artésiennes
inépuisables que des coups de sonde peuvent faire
jaillir, ou tout au moins mettre à découvert dans les basfonds des grandes vallées.

Il n'est pas étonnant que dans de telles circonstances
les estimations de M. Béringer soient relativement minimes. Il évalue à 100,000 fr. environ le prix de revient
kilométrique, et encore ai-je tout lieu de croire que ses
bases d'estimation sont trop élevées.

L'exagération me paraît tout au moins évidente pour
le seul article que je puisse sérieusement contrôler, celui
de la voie métallique, qu'il estime à 50,000 fr. par kilomètre, chiffre qui est bien certainement deux fois trop
fort.

Pour un chemin de fer à une voie avec rails de 35
kilogr. par mètre courant, la fourniture métallique, y compris les voies de garage et d'évitement, ne saurait aller
à plus de 80 kilogr. le mètre. Or, dans l'état actuel, nos
chemins de fer français, celui du Midi en particulier, ne
payant pas les rails d'acier plus de 12 fr. les 100 kilogr.,
la dépense, de ce chef principal, ne saurait aller à plus de
10,000 fr. par kilomètre, et je crois qu'on restera audessus de la vérité en comptant pareille somme pour les
coussinets, les traverses que les forêts de l'Algérie fourniraient probablement à bas compte, les plaques tournantes et autres accessoires, toutes poses comprises.

Il y aurait donc sur ce seul point une réduction de
plus de 25,000 fr. à faire sur les estimations de M. Béringer, qui serait plus que suffisante pour faire face à

l'achat du matériel roulant, qu'il n'a pas fait figurer dans son devis.

Toutes compensations faites entre ces diverses exagérations ou omissions, le chiffre de 100,000 fr. par kilomètre me paraît pouvoir être pris comme un maximum d'évaluation, qui ne devra pas être dépassé sur les 610 kilom. du tracé reconnu par M. Béringer.

Dans l'état actuel, notre ligne de pénétration s'arrête à Biskra, à 350 kilom. en avant d'Ouargla, point de départ de M. Béringer.

Le même prix peut être certainement appliqué à ce tronçon intermédiaire.

Les renseignements donnés à M. Béringer le portent à croire que les difficultés ne seraient pas plus grandes sur une longueur de 200 kilomètres au moins, en continuant à remonter la vallée de l'Ighargar, suivant l'itinéraire que se proposait de suivre la mission, pour aller aboutir, non sur le Niger, mais en je ne sais quel point du Haoussa.

Évidemment, cette direction éclose, il est difficile de comprendre comment, dans les bureaux du Ministère, n'est pas soutenable. Qu'on veuille suivre l'Ighargar, au lieu de l'O. Mya, à partir de Ouargla, je l'admets, bien que je trouve regrettable d'abandonner sans motifs la route des caravanes, à travers le groupe des oasis du Touat, où l'on trouverait de grandes ressources de ravitaillement, en même temps que des éléments sérieux de transport et de trafic! Mais en aucun cas on ne saurait aller bien au delà du point où s'arrête le projet de M. Béringer, en suivant l'Ighargar. Délaissant cette vallée, il faudrait se rejeter vers la droite pour gagner la ligne de faîte et redescendre sur le versant opposé par un affluent de l'O. Tahirt, grand fleuve saharien qui se dirige vers le Sud et, après être sorti de la traversée du plateau, à la passe de Timassao, débouche dans une plaine basse où il se joint probablement au lit desséché de l'O. Touat, pour converger ensemble vers le coude du Niger.

Dans son second voyage, la mission, après avoir remonté l'O. Mya, est venue recouper son premier itinéraire au point extrême du projet Béringer, en suivant dans l'intervalle la ligne de faîte, formée par un plateau dont le niveau n'est pas sensiblement plus élevé que ce dernier point. Le passage de la vallée de l'Ighargar dans celle du Tahirt pourra donc se faire sans difficulté, à ciel ouvert et en pente faible.

Nous manquons de données certaines sur la vallée du Tahirt. Nous savons seulement que, sur un parcours à peu près égal jusqu'au Niger, elle rachète une hauteur moindre que celle de l'Ighargar. On n'y signale pas de dunes. Les facilités du terrain doivent donc être très probablement au moins aussi grandes, et nous pourrons appliquer à l'ensemble de la ligne le prix moyen de 100,000 fr. par kilomètre, soit un total de 215 millions pour le parcours total de 2,150 kilom. de Biskra au Niger.

Ce prix de 100,000 fr. doit être d'ailleurs considéré comme un maximum s'appliquant au cas où le Transsaharien serait exécuté dans les conditions de nos chemins de fer d'Europe, par fractionnement des travaux en un grand nombre d'entreprises distinctes, prélevant sur les dépenses une large prime de bénéfices. Les frais d'intermédiaire pourront être probablement économisés, si l'on procède, par voie d'exécution directe, avec un personnel d'agents et d'ouvriers enrégimentés dans les conditions où ont été exécutées les entreprises similaires des chemins de fer du Dominium canadien dans l'Amérique et du Transcaspien dans l'Asie russe, où la dépense kilométrique moyenne ne paraît pas avoir dépassé 60 à 70,000 fr. Les conditions seront, à tous les points de vue, plus favorables pour le Transsaharien, où l'on aura affaire à une région beaucoup moins tourmentée, sans ouvrage d'art pour franchir les cours d'eau toujours à sec, et où de plus on peut avoir la quasi-certitude de recruter sur place les chantiers, avec les populations indigènes du Touat, de l'O. Rir, au besoin du Maroc, populations sobres et laborieuses, parfaitement acclimatées et habituées à se contenter d'un très modique salaire.

Dans ces conditions, il y a tout lieu d'espérer que la dépense totale resterait au-dessous de 200 millions en chiffre rond.

La mission Flatters et, au même titre, les autres explorations d'études faites dans le Sahara n'ont pas seulement mis hors de doute les facilités exceptionnelles d'exécution d'une ligne de fer; elles nous ont également démontré l'innocuité complète du climat, qui, en dépit de l'élévation anormale de la température, est un des plus salubres du globe.

Pendant plus de trois mois, en effet, ces diverses expéditions ont parcouru le pays en tous sens, couchant sur la dure, sans abri, avec des vivres de conserve, sans avoir perdu un seul homme, sans qu'aucun cas de maladie grave se soit produit dans un si nombreux personnel.

Enfin il n'est pas jusqu'au désastre même de la mission Flatters qui n'ait prouvé combien est, en fait, peu redoutable l'hostilité des populations indigènes dont on fait tant de bruit.

Si le Colonel, trop confiant dans le prestige de sa force morale, n'était pas allé au-devant du coup qui l'a frappé, nul n'eût osé l'attaquer à la tête de son escorte; et la facilité avec laquelle cette escorte démoralisée, mourant de faim et de soif, a pu cependant repousser jusqu'au bout les attaques des Touareg acharnés à sa poursuite, nous montre combien peu cette peuplade justifie la terreur qu'elle a su nous inspirer. Un goum de 50 hommes bien organisés suffirait, en l'état, pour forcer et réduire à merci cette poignée de bandits qui s'évanouiraient au contact des chantiers de nos travailleurs, ceux-ci ne seraient-ils armés que de leurs pelles et de leurs pioches pour se défendre.

De toutes les objections qui m'ont été faites il y a douze ans, il ne subsiste donc rien de sérieux ; et pendant que nous restions inactifs, de nombreux exemples donnés par d'autres peuples sont venus nous démontrer avec quelle facilité des entreprises du même genre pouvaient être menées à bien. Je n'en rappellerai que deux; mais il serait possible d'en citer un plus grand nombre, car, dans les États-Unis d'Amérique, de simples États en voie de formation, tels que l'Arizona, le Nouveau-Mexique, n'ont pas reculé devant des œuvres d'une importance presque égale à celle du Transsaharien.

Les Anglo-Canadiens ont exécuté une ligne de longueur double, 4,500 kilom., entre le bassin des grands lacs et le Pacifique, en cinquante-quatre mois, avec une vitesse moyenne d'avancement de 1,000 kilom. par an. Dans des conditions de célérité presque aussi grande, les Russes ont construit les 1,600 kilom. du Transcaspien à travers un pays tout aussi aride, aussi redoutable que le Sahara, avec la difficulté en plus de franchir de grands cours d'eau permanents, dont un seul, l'Oxus, n'a pas moins de 3 kilom. de large.

Quand nous le voudrons, en moins de deux ans, avec une dépense très certainement inférieure à 200 millions, nous pourrons prolonger notre réseau algérien de Biskra au Niger. La question technique n'est pas douteuse; la question politique seule doit nous préoccuper! c'est à nous de voir si nous saurons la résoudre! Notre avenir national en dépend, car c'est la seule chance qui nous reste de conserver notre place au premier rang des peuples civilisés, en revendiquant, pendant qu'il en est temps encore, pour nous et nos frères de race latine, une part équitable dans ce grand travail de propagande civilisatrice qui s'accomplit à la surface du globe, et avant un demi-siècle très certainement en aura transformé l'état social.